Kinder unter 3

Katrin Weitzer

Erstes Gestalten

ALS VERLAG

Herausgeber: Kreide, Dietzenbach
Idee und Gesamtkonzept: Katrin Weitzer, A-Mollram
Fotos: Katrin Weitzer
Grafik/Illustration: Ingrid Neelen, Düsseldorf
Satz, Repro und Druck: ALS-Verlag GmbH, Dietzenbach
Bestell-Nr. 29.813 – ALS-Studio-Reihe 813
ISBN 978-3-89135-173-4

Fotonachweis:
Nachfolgend aufgeführte Fotos sind von Fotolia.com:
Titelbild: Dmitry Naumov; S. 4: shotsstudio; S. 5: Ella; S. 9: st-fotograf; S. 15: muro; S. 16: Alena Gzerova

Bibliografische Information der Deutschen Nationalbibliothek
Die Deutsche Nationalbibliothek verzeichnet diese Publikation in der Deutschen Nationalbibliografie; detaillierte bibliografische Daten sind im Internet über <http://dnb.d-nb.de> abrufbar.

Allgemeiner Lehrer-Service
ALS-Verlag GmbH
Postfach 14 40
63114 Dietzenbach

Tel.: 0 60 74/82 16-0
Fax: 0 60 74/82 16-75
E-Mail: info@als-verlag.de
www.als-verlag.de

Malen und Gestalten mit Kleinstkindern

Die Fähigkeit kreativ zu sein, ist jedem Menschen angeboren. Unter Kreativität versteht man einen immerwährenden Prozess, in dem etwas Neues, Einzigartiges entsteht. Kreativitätsförderung von Kindern beschränkt sich allerdings nicht ausschließlich auf das bildnerische Gestalten, auch beim Spielen oder Konstruieren, Musizieren, Bewegen oder Sprechen entstehen kreative Ergebnisse.

Die Entwicklung von Kreativität verläuft nur dann erfolgreich, wenn die Experimentierfreude lustvoll erprobt werden darf und man den Kindern dabei keine unnötigen Grenzen setzt. Je offener sie ihre Fantasie und kreativen Gedanken umsetzen können, desto mehr Vertrauen bekommen die Kinder in ihre schöpferischen Handlungen. Diese positiven Erfahrungen bilden das Fundament dafür, sich zu selbstbewussten und selbstsicheren Erwachsenen zu entwickeln.

Kinder versuchen sich von frühem Alter an lösungsorientiert mit ihrer Umwelt auseinanderzusetzen. Oft sind Erwachsene in manchen Denkmustern gefangen. Die kindliche Fantasie hingegen ist von Natur aus unbelastet und offen für verschiedene Sichtweisen.

Auch beim kreativen Malen und Gestalten mit Kindern sollten Eltern oder Erzieher positiv dazu beitragen, die Kinder in ihrer Entwicklung nicht einzuschränken und durch geradlinige Vorgaben über „richtig oder falsch" zu belehren. Viele berühmte Künstler bestätigen, dass Kreativität, gerade auf der Ebene des Malens und Gestaltens, keine Grenzen hat.

Kinder in der Krippe werden sich in erster Linie durch „Kritzeln" malerisch betätigen. Dieses „Kritzeln" stellt die Basis für ihre fortlaufende zeichnerische Entwicklung dar. Die Kritzelphase endet etwa um das dritte Lebensjahr herum, wenn die Kinder in der Lage sind, geschlossene Kreisgebilde zu malen oder gerade Linien zu ziehen.

Ab ungefähr zweieinhalb Jahren beginnen sie, ihre Zeichnungen zu kommentieren und es lassen sich auch die ersten Darstellungsabsichten erkennen. „Zickzackkritzel" und isolierte „Kreiskritzel" kommen etwa im Alter von drei Jahren hinzu.

Als Eltern oder Erzieher haben wir die Chance, den Kindern als wertschätzende Beobachter und Begleiter zur Seite zu stehen. Ganz gleich, wie die kreative Entwicklung der Kinder beim Malen und Gestalten verläuft, sollte man sich immer das Zitat des Künstlers Arno Stern ins Gedächtnis rufen: „Alles beginnt mit einem Strich, der sich auf einem Blatt Papier unendlich hinzieht. Man nennt es Gekritzel."

Zum Umgang mit diesem Buch

Die Anregungen in diesem Buch sollen Ihnen Impulse für die kreative Arbeit mit den Jüngsten geben. Beim Gestalten mit Kindern unter drei Jahren liegt der Fokus auf der Experimentierfreude mit unterschiedlichen Materialien und weniger auf einem perfekten Endprodukt. Aus diesem Grund sind die angeführten Beispiele auch nur als Anregung zu sehen, die Sie dazu ermutigen, mit den Kindern gemeinsam auch andere Wege zu entdecken. Besonders zu berücksichtigen ist, dass die kindliche Hauptlernform das Spiel verkörpert. Daher hat auch das Bespielen der entstandenen Werke für die Kinder einen hohen Stellenwert.

Die Angebote des Buches umfassen Übungen zur gezielten Grob- und Feinmotorik bis hin zum Gestalten mit verschiedenen Kreativmaterialien.

Als Orientierungshilfe bei der Auswahl der Angebote finden Sie Symbole, die auf der rechten Seite näher erläutert werden. Diese stellen immer eine Mindestanforderung dar und informieren über die benötigten Fertigkeiten.

Da Kleinstkinder unser Vertrauen in ihre Handlungen brauchen, um selbstbewusst und selbstständig agieren zu können, ist es ideal, wenn Sie zwar bei komplexeren Schritten Ihre Unterstützung anbieten, die Hauptaktion aber vom Kind selbst ausgeführt wird. Allerdings sind die Arbeiten, welche den Umgang mit spitzer Schere, Cutter, Messer, Prickelnadel, Tacker oder Heißkleber erfordern, ausschließlich von einem Erwachsenen durchzuführen.

Ich wünsche Ihnen nun, dass Sie viele Impulse finden, die Sie dazu anregen, die Kinder beim kreativen Arbeiten und beim Spielen mit den entstandenen Werken zu begleiten.

Herzlich

Hier sind keine Fertigkeiten nötig, diese Anregungen können schon mit Säuglingen durchgeführt werden. Dieses Symbol steht aber auch bei solchen Angeboten, bei denen das entstandene Endprodukt besonders interessant für die Jüngsten ist.

Hier greift das Kind zu und setzt Hände und Finger grobmotorisch ein, z. B. bei ersten Malübungen mit Fingerfarben.

Die Feinmotorik des Kindes sollte so weit entwickelt sein, dass es den Pinzettengriff beim gezielten Greifen, Aufheben und punktuellen Ankleben von kleineren Materialien anwenden kann.

Für diese Anregung sollte das Kind ein Werkzeug (Stift, Pinsel, Farbrolle, Schere) halten und gezielt führen können.

Diese Aktion erfordert, dass das Kind alleine gehen kann.

Kapitel 1

Mit vollem Körpereinsatz

Für das kreative Gestalten ist ein gezielter Einsatz der motorischen Fähigkeiten wichtig. Unter dem Begriff Motorik versteht man die Gesamtheit aller Bewegungsabläufe des menschlichen Körpers.
Die Grobmotorik umfasst die Bewegungen von Kopf, Schultern, Rumpf, Becken, Armen und Beinen. Der feinmotorische Bereich beinhaltet die Bewegungen von Fingern, Zehen und Gesicht. Um feinmotorisches Geschick zu erlangen, werden als Basis grobmotorische Grunderfahrungen benötigt.

ARME IN BEWEGUNG

Mit einfachen Übungen kann man die Kinder dazu animieren, ihre Arme aktiv zu bewegen und dabei grobmotorische Erfahrungen zu sammeln, die den Grundstock für den Pinzettengriff darstellen. Diesen benötigen die Kinder unter anderem zur richtigen Stiftführung.

Regenbogenvögel

Diese Piepmätze entstehen aus bunten Krepppapierstreifen, Bast- oder Wollschnüren. Zunächst bohrt die Erzieherin mithilfe einer Stricknadel durch eine Styroporkugel ein Loch. Die Kinder bemalen die Kugel mit Fingerfarbe und verzieren sie mit eingesteckten Federn. Der Schnabel entsteht aus Fotokarton. Durch den gestalteten Styroporkopf mehrere Krepppapierbänder fädeln und die Bänder um den Arm des Kindes verknoten. Werden die Arme beim Laufen zur Seite gestreckt, bewegen sich die bunten Bänder wie die flatternden Flügel des Regenbogenvogels.

Waldbilder

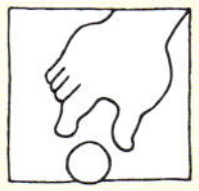

Farbspielereien mit bloßen Händen machen einen Riesenspaß und fördern die Körperwahrnehmung. Wird der ganze Arm mit Farbe bepinselt, kann man auf einer großen Papierrolle effektvolle Drucke damit erzielen. Mehrere Abdrücke stellen beispielsweise Bäume dar. Mit Moosstücken, Tannenzapfen, Rindenstücken und getrockneten Blättern gestalten die Kinder ihr Waldbild weiter aus.

Tipp
Möchten manche Kinder die Farbe nicht direkt auf die Haut auftragen, den Arm einfach zuvor mit Frischhaltefolie umwickeln.

Spannende Farbrolle

Hier wird die koordinierte Bewegung beider Arme gefördert und nebenbei entstehen interessante Muster. Rund um die Rolle eines Nudelholzes einen zurechtgeschnittenen Müllsack legen und diesen mit vielen unterschiedlich dicken Gummiringen fixieren. Anschließend bepinseln die Kinder die umwickelte Rolle mit Fingerfarbe und rollen sie auf einem großen Papier aus.

Dampflok

Für das folgende Spiel benötigt man für jedes Kind zwei runde Kartonscheiben (Ø ca. 20 cm) und zwei Gummibänder. Die Kinder bemalen die Scheiben bunt mit Fingerfarbe oder mit Malbirnen. Danach fädelt man ein Gummiband (ca. 12 cm lang) durch ein Loch in der Mitte der Kartonscheibe und verknotet beide Enden zu einer Schlaufe, durch welche die Kinder ihre Arme stecken. Im Nu sieht es so aus, als hätten sie die Räder einer Dampflok umgeschnallt. Mit dem folgenden Spruch „fahren" die kleinen Loks durch den Bewegungsraum, während die Kinder ihre Arme vor und zurück bewegen.

Tschutschutschu, die Lok ist dran.
Tschutschutschu, sie kommt voran.
Die Räder werden immer schneller,
wie des Hubschraubers Propeller.
Man kann unsre Lok schon sehn,
denn im Bahnhof bleibt sie stehn.

Holzscheibenspecht

Tock, tock, der Specht klopft! Dünne Holzscheiben werden versetzt aufeinandergeklebt und stellen den Kopf (Ø 10 cm) und den Körper (Ø 15 cm) des Spechts dar. Das Gefieder mit Fingerfarbe gestalten und bunte Federn ankleben. Dann werden die Augen aufgemalt und am Rand der Kopfscheibe ein Schnabel aus Fotokarton oder Moosgummi aufgeklebt. Ein Erwachsener fixiert ein breites Gummiband (ca. 15 cm lang) mit den Enden rechts und links am Rand der größeren Holzscheibe.

Jedes Kind erhält zwei Spechte und schlüpft mit jeder Hand durch ein Gummiband, sodass die Holzscheiben an den Handflächen aufliegen. Klatscht es in die Hände, hört es das Klopfen des Spechts. Wer kann über dem Kopf klatschen, seitlich oder vor den Beinen?

Flatternde Schmetterlingsflügel

Zu vielerlei Bewegungsspielen regt dieser bunte Flattermann an. Hierzu werden zwei Pappröhren von Geschenkpapier mit bunten Fingerfarben bemalt. Anschließend einen aufgeschnittenen Müllsack bunt bemalen, mit bunten Papierschnipseln bekleben und die Enden an den beiden Pappröhren mit doppelseitigem Klebeband befestigen. Wird der Müllsack in der Mitte mit einer Bastschnur abgebunden, entstehen die Flügel.

Zwei Kinder fassen nun je ein Papprohr und bewegen dieses auf und ab. Die flatternden Schmetterlingsflügel erzeugen bei jeder Bewegung ein knisterndes Geräusch.

Milchfarbe

Um eine cremige Pastellfarbe zu erhalten, mischt man Dosenmilch mit Lebensmittelfarbe. Hat man die gewünschte Farbintensität erreicht, wird die Farbe mit einem Pinsel oder mit den Händen vermalt.

BEINE UND FÜSSE IN AKTION

Durch grobmotorische Bewegungen mit den Beinen und Füßen können Kinder ihre Bewegungsabläufe schulen und mithilfe ansprechend gestalteter Materialien ihre Geschicklichkeit erproben. Gezielte motorische Übungen, wie etwa beim Springen, Krabbeln, Laufen geben den Kindern Sicherheit in ihren Bewegungsmustern.

Schwammschuhspuren

Aus Alltagsmaterialien lassen sich mit etwas Fantasie herrliche Kreativmaterialien zaubern. Wird an Putz- oder Badeschwämme ein Gummiband mit einem stärkeren Nylonfaden angenäht, entsteht im Nu ein Schwammschuh. Die Kinder schlüpfen mit den Füßen in die Schlaufen und tauchen die Schwämme in bunte Farbe ein. Anschließend hinterlassen sie auf einer großen Papierrolle ihre bunten Spuren, wobei sich interessante Muster ergeben.

Straßenmalkreiden

Wer Hüpfkästchen im Außenbereich aufmalen möchte, kann dazu selbst gemachte Straßenmalkreiden verwenden. Hierzu 5 Tassen Wasser und 2 Tassen Gipspulver in einer Schüssel kräftig verrühren und Tempera-Farbpulver oder Lebensmittelfarbe in der gewünschten Intensität beimengen. Die entstandene Masse in Eiswürfelbehälter oder kleine Joghurtbecher gießen und mindestens 15 Stunden trocknen lassen. Mit den harten, bunten Kreiden lässt es sich wunderbar auf der Straße malen.

Tipp

Sehr viel Spaß macht es, einen Igelball auf einem großen Papier mit den Füßen in etwas Farbe zu rollen. Die Kinder sammeln hierbei wichtige taktile Erfahrungen und erproben aktiv ihre motorische Koordinationsfähigkeit. Das gemusterte Papier lässt sich wunderbar als Geschenkpapier weiterverarbeiten.

Tausendfüßler

Die folgende Übung fördert neben der Motorik besonders auch das Zusammengehörigkeitsgefühl der Gruppe. Für das Tausendfüßlerspiel benötigt man zwei lange Gummibänder (je 4 m lang, 2 cm breit), die im Abstand von 20 cm zu etwa 10 cm großen Schlaufen zusammengetackert werden. An der Außenseite einer jeden Schlaufe wird ein bunter, ausgeschnittener Fußabdruck oder eine Fußform aus Fotokarton angeklebt.

Nun bilden mehrere Kinder eine Schlange, schlüpfen mit den Füßen in die beiden Gummibänder und die Erzieherin platziert die Schlaufen etwa in Kniehöhe. Jetzt ist Teamgeist gefragt, damit sich der Tausendfüßler fortbewegen kann.

Seerosenblattspringen

Sobald sich Kinder sicher fortbewegen, wird auch das Springen interessant. Mehrere grüne Moosgummiplatten in Form von Seerosenblättern (Ø 20 cm) ausschneiden. Bunte Krepppapierstreifen (10 x 25 cm) zusammenrollen und mit einer Bastschnur an einem Ende zusammenbinden. Wird diese Rolle am oberen Ende der Länge nach eingeschnitten, öffnet sich die Seerose.

Diese Seerosen nun einfach mit einem Wollfaden an die Moosgummiplatten binden und mit doppelseitigem Klebeband an einem Gymnastikreifen befestigen. Nun ist das lustige Hüpfspiel einsatzbereit. Liegen viele derart dekorierte Reifen auf dem Boden des Bewegungsraumes, springen die Kinder immer in die Reifenmitte und fühlen sich so wie kleine Frösche, die von Seerose zu Seerose hüpfen.

Flaschenrollen

Nicht nur Bälle lassen sich mit den Füßen rollen, auch leere, transparente Kunststoffflaschen eignen sich gut dafür. Großen Spaß macht es älteren Kindern, die Flasche auf einer mit Straßenmalkreide markierten Linie entlangzurollen. Ganz junge Kinder können die Flaschen auch mit den Händen fortbewegen.

Damit die Flaschen ansprechend wirken, werden sie im Vorfeld mit buntem Konfetti, Spielmais, Federn oder Strohhalmstücken gefüllt und außen bunt verziert.

Bunter Spinnennetzparcours

Für diese Beingeschicklichkeitsübung benötigt man leere Kunststoffflaschen (2 l), die zur Stabilisierung mit etwas Spielsand gefüllt wurden.

Nun bemalen die Kinder runde Bierdeckel, die den Körper der Spinne darstellen, bunt mit Finger- oder Temperafarbe. Ebenso können weiße, runde Fotokartonkreise mit Malbirnen oder dicken Buntstiften beliebig verziert werden.

Für die acht Beine der Spinne Pfeifenputzer oder Strohhalme am Rand des Bierdeckels aufkleben und das Tier an der Oberseite der Flasche fixieren. Die Flaschen platzieren die Kinder beliebig im Raum und umwickeln diese mit Wolle, sodass ein buntes Spinnennetz im Zimmer von Flasche zu Flasche gesponnen wird. Wer schafft es, den Spinnennetzparcours zu überwinden?

Kartonspaß

Kleine Kinder freuen sich über ein Kartonfahrzeug. Hierzu einen größeren Verpackungskarton, der an einer Seite offen ist, außen mit Fingerfarben als Auto bemalen und ein Einstiegsloch hineinschneiden.

Ältere Kinder bewegen sich gern als Kartonmännchen durch den Raum. Werden auf der Unterseite des bemalten Kartons zwei Kreise für die Beine ausgeschnitten und oben an den Seitenrändern zwei lange, breite Stoffstreifen als Träger angebracht, kann man den Kindern diese über den Schultern zusammenbinden. Schon sind die kleinen Kartonmännchen fertig kostümiert.

Achtung: Bitte achten Sie, wie bei allen Aktionen mit Bändern, Kordeln oder Schnüren darauf, dass die Kinder sich diese nicht um den Hals wickeln.

Kapitel 2

Ideen für flinke Finger

Eine bedeutende Rolle für die Entwicklung von Kleinkindern spielt das Erkunden der Umgebung durch „Begreifen“. Zuerst sammeln die Kinder Erfahrungen durch das Entdecken des eigenen Körpers, durch Klatschen, durch reflexartiges Greifen eigener Körperteile und anschließend durch gezieltes Greifen nach Objekten aus der Umwelt.

KNETEN UND MODELLIEREN

Beim Kneten und Modellieren schulen die Kinder einerseits die Beweglichkeit von Fingern, Händen und der Unterarmmuskulatur sowie die Funktionen der Sehnen und die Sehnenleitfähigkeit. Außerdem ermöglicht es wichtige taktile Erfahrungen und kann beim Abbau von inneren Spannungszuständen hilfreich sein.

Schatzsuche

Wer findet den Schatz? In Knetmasse lassen sich mehrere kleine Kieselsteine oder bunte Nuggets verstecken. Die Kinder ertasten die versteckten Gegenstände während des Knetens und arbeiten diese mit Fingerspitzengefühl heraus.

Fantasievolle Strukturrollen

Werden festere Pappröhren mit unterschiedlichen Materialien, zum Beispiel mit Aludraht umwickelt, kleinen Holzperlen, Strohhalmen, Jutestoff, einer dicken Kordel oder mit Knöpfen beklebt, entstehen individuelle Strukturrollen. Indem die Kinder damit über Knetmasse rollen, gestalten sie tolle Muster.

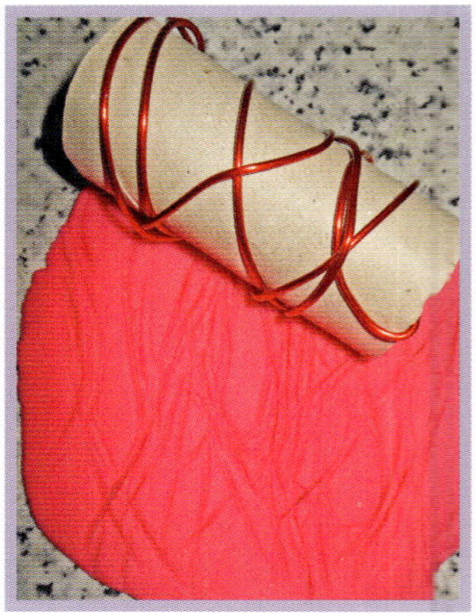

Kunstwerke in der Kugel

Diese Kugeln bieten eine Rundumansicht! Die Kinder formen beliebige Kunstwerke aus Knetmasse und legen diese in zusammensteckbare transparente Plastikkugeln mit Aufhängevorrichtung. So kann man das Modell von allen Seiten betrachten.

Tipp

Füllt man eine transparente Plastikkugel mit gefärbtem Wasser aus Lebensmittelfarbe, sehen Kunstwerke aus Schwimmknete darin toll aus. Konfetti, aus bunten Heftumschlägen ausgestanzt, wirkt im gefärbten Wasser besonders interessant. Umklebt man die Nahtstelle der Kugel zusätzlich mit Klebe- oder Isolierband, lässt sich die Kugel auch schütteln.

Duftknetmasse

500 g Mehl, 250 g Salz, $^1/_2$ l Wasser, 3 EL Speiseöl, 20 g Weinsteinsäure (auch Weinsäure genannt), Lebensmittelfarbe (flüssig oder in Pulverform) zusammenmischen und gründlich verkneten.
Werden 2–3 EL getrocknete und gemörserte Lavendelblüten, Basilikumblätter, Thymian, Zitronenmelisse oder Fenchel beigemengt, wird die Knetmasse zu einem echten Dufterlebnis.

ÜBUNGEN FÜR DEN PINZETTENGRIFF

Unter dem Pinzettengriff versteht man das Greifen von Gegenständen mit dem Daumen und dem Zeigefinger. Drückt man diese beiden Finger zusammen, können auch kleinere Gegenstände festgehalten werden. Der Pinzettengriff entwickelt sich bei Kindern ungefähr im Alter zwischen acht und vierzehn Monaten.

Gummiringkunstwerke

Diese Kunstwerke sind im wahrsten Sinne des Wortes eine spannende Sache! In einen bunt gestalteten Holzblock werden einige Nägel eingeschlagen. Nun spannen die Kinder mit der Unterstützung der Erzieherin bunte Gummiringe kreuz und quer über ihr Kunstwerk. Dies erfordert einerseits die Anwendung des Pinzettengriffes, andererseits auch ein Gespür für die Elastizität des Gummirings.

Bunte Vogelspinnen

Vor diesen achtbeinigen Gesellen muss man sich nicht fürchten! Um den Spinnenkörper darzustellen, bemalen die Kinder eine halbe Styroporkugel (Ø ca. 15 cm) bunt mit Fingerfarbe.

Anschließend werden rundherum am Rand der Halbkugel acht Schaschlikstäbe mit der Spitze eingesteckt. Um die Beine der Spinne farbenfroh und kräftig zu gestalten, stecken die Kinder bunte Spielmaisstücke auf die Schaschlikstäbe.

Drahtiger Motorikrahmen

Mit einem Holzbilderrahmen und einem stärkeren bunten Aludraht entsteht ein Rahmen, der den Kindern ein schwungvolles Erproben ihrer Feinmotorik ermöglicht. Zunächst wird der Rahmen mit Fingerfarbe bemalt. Anschließend versieht man den Basteldraht mit einer großen Holzperle. Die Enden des Drahtes wickelt die Erzieherin nun fest um den Rahmen und überklebt sie mit Isolierband. Allerdings sollte darauf geachtet werden, dass die Kinder im Anschluss noch genügend Aktionsradius haben, um die Perle auf dem Draht mit dem Daumen und dem Zeigefinger zu bewegen.

Igelfamilie

Igel sind bei Kindern sehr beliebt. Wird Modelliermasse oder Salzteig zu einer Kugel geformt, die an der Unterseite etwas abgeflacht ist, entsteht ein Igelkörper. Mit einem Holzspatel oder Zahnstocher stechen die Kinder nun mehrere tiefe Löcher hinein und malen mit Fingerfarbe Augen auf. Der Igel trocknet ohne seine Stacheln über Nacht. Die Kinder lieben es, die braunen Holzspatel oder Zahnstocher als Stachelkleid immer wieder in die Löcher zu stecken und anschließend wieder herauszuziehen.

Tipp

Wer möchte, kann die hübschen Igel auch als kleine Nascherei gestalten. Hierzu stecken die Kinder Mandelstifte in dunkle Marzipanrohmasse oder in Schokoladenmuffins. Die kleinen Augen und die Schnauze entstehen im Handumdrehen aus Rosinen.

Kapitel 3

Farben so bunt

Bereits Johann Wolfgang von Goethe erkannte, dass Farben auf Menschen eine besondere Wirkung haben. So ist beispielsweise die Farbe Rot eine der ersten Farben, die der Säugling richtig wahrnimmt. Orange wirkt belebend und Violett eher besänftigend. Auch beim Gestalten in der Krippe wird man bemerken, dass ein großes Angebot an bunten Kreativmaterialien die Kinder verstärkt zum Experimentieren und Forschen anregt.

KUNSTWERKE AUS FINGERFARBEN

Flüssige Fingerfarbe stellt für Kinder neben sinnlichen Erfahrungen, wenn sie direkt mit den Händen malen, auch den Reiz dar, dass sie mit wenigen Handgriffen und minimalem Kraftaufwand etwas Farbenfrohes und Ausdrucksvolles hinterlassen können.

Blumen pflücken

Bunte Farbkleckse mit Fingerfarben auf einem weißen Fotokarton aufgetropft können mit den Fingern beliebig verteilt werden. So entstehen viele bunte Blumen in verschiedenen Formen. Ältere Kinder können auch Stängel dazumalen. Nach dem Trocknen wird der Wiesenschmuck ausgeschnitten, laminiert und auf der Rückseite mit einem Stück der rauen Seite des Klettverschlusses beklebt. Ein grüner Teppich dient als Wiese. Auf diesem lassen sich die bunten Blumen wunderbar fixieren. Die Kinder können die Blumen pflücken und die Blumenwiese immer wieder neu gestalten.

Drehbare Kunstbilder

Um Kinderzeichnungen wirkungsvoll in Szene zu setzen, benötigt man einen bunt bemalten Holzbilderrahmen und zwei Rundhölzer (Länge entspricht dem Innenmaß des Rahmens, Ø ca. 5 cm). In die Ober- und Unterseite der Rundhölzer mittig mit einem Bohrer je ein größeres Loch bohren. Nun werden die Rundhölzer mit Filz beklebt und durch mehrere Gummiringe miteinander verbunden. Durch den Holzrahmen (mindestens 8 cm vom Rand entfernt) mit einem Hammer zuerst an der einen Längsseite zwei lange Nägel einschlagen und die Rundhölzer mit den gebohrten Löchern auf die Nägel schieben. Auch auf der anderen Längsseite des Rahmens zwei lange Nägel einschlagen und direkt mit den Rundhölzern verbinden. Nun eine Kinderzeichnung über die Rundhölzer legen und die Blattenden mit Klebestreifen verbinden. Die Kinder drehen die Rundstangen und die Kunstwerkpräsentation beginnt.

Selbst gemachte Fingerfarbe

Für die Malaktionen mit ganz jungen Kindern ist selbst hergestellte Fingerfarbe ideal. Hierzu einfach ca. 100 ml Wasser mit 4 EL Mehl mit einem Schneebesen verrühren und mit der gewünschten Lebensmittelfarbe einfärben.

Handschuhbilder

Ein Kinderhandschuh lässt sich mit ein paar Handgriffen zu einem Kreativerlebnis gestalten. Hierzu einfach die einzelnen Finger des Handschuhs mit einem Stück Jute, Schwamm, Wellpappe, einer dicken Kordel, Plüschstoff etc. bekleben.

Erhalten die Kinder Papier und Fingerfarbe, können sie ihren Kreativhandschuh einsetzen. Dabei entstehen viele unterschiedliche Muster, die mit etwas Fingerfertigkeit auch isoliert einsetzbar sind.

Tipp

Die Kinder immer beim Arbeiten mit Farbe oder Klebstoff darauf hinweisen, dass Pinsel oder bekleckerte Finger nicht zum oder in den Mund wandern dürfen. Bereitgestellte Feuchttücher oder ein Wassereimer und ein Handtuch ermöglichen es den Kindern, sich gleich nach dem Malen selbstständig zu reinigen.

Leuchtröhren

Mit diesen Röhren kann man Kunstwerke gut ins rechte Licht rücken. Die Kinder gestalten zunächst eine transparente Mobilefolie bunt mit Fingerfarben. Ist das Kunstwerk getrocknet, wird die Folie gerollt, sodass eine längliche Röhre entsteht. Nun die Enden zusammentackern und eine kleine LED-Lampe in die Röhre legen, die das Werk zum Strahlen bringt.

Wunderbaum

Der Wechsel der Jahreszeiten verdeutlicht die Wunder der Natur. Mit einem speziell gestalteten Baum können die Kinder dieses Wunder beliebig oft nacherleben. Um den kahlen Baum darzustellen, auf einer runden Scheibe aus blauem Fotokarton (Ø ca. 20 cm) die Hand der Kinder mit brauner Farbe abdrucken.

Als Nächstes benötigt man vier transparente Scheiben aus Mobilefolie in der Größe der blauen Scheibe. Um den Frühling zu gestalten, tupfen die Kinder mit den Fingern in der Mitte einer transparenten Scheibe mit bunter Fingerfarbe einige Blütenknospen. Die zweite Scheibe wird per Fingerdruck mit sommerlich grünem Laub versehen und auf der dritten werden die Blätter in Herbstfarben aufgedruckt. Die vierte Scheibe zeigt weiße Schneeflocken. Nun alle fünf Scheiben am Rand an derselben Stelle lochen und mit einer Musterbeutelklammer so miteinander verbinden, dass die blaue Scheibe mit dem Handabdruck den Hintergrund darstellt. Durch Hinauf- und Hinunterdrehen der transparenten Scheiben versieht man den Baum mit der gewünschten Jahreszeit.

Windradkette

Im Wind bewegen sich leichtere Gegenstände wie von Zauberhand. Um eine Windradkette zu gestalten, bemalen die Kinder ihre Handflächen mit Fingerfarbe und drücken sie auf weißes Tonpapier. Nach dem Trocknen werden die Abdrücke ausgeschnitten und laminiert.

Mit einem Cutter schneidet die Erzieherin rund um eine bunt bemalte Styroporkugel (Ø 15 cm) vier schräge Schlitze (ca. 8 cm lang), in welche die laminierten Handabdrücke gesteckt werden können.

Durch die Kugel nun mit einer Stricknadel ein Loch bohren und eine Schnur hindurchfädeln. Fädelt man mehrere bunte Windradkugeln hintereinander auf, entsteht eine Kette.

Sprüh- und Spritzbilder

Ein solches Kreativangebot ist im Freien ein wahres Farberlebnis für die Kinder. Auf der Wiese eine große Papierrolle ausbreiten und einige Sprühflaschen oder Plastikspritzen (ohne Nadel) mit verdünnter Fingerfarbe füllen. Schon können die Kinder gemeinsam ein gesprühtes oder gespritztes Kunstwerk gestalten.

Tipp

Hier bleibt es nicht aus, dass sich die Kinder mit Farbe bekleckern. Deshalb bietet sich diese Übung vor allem an einem heißen Sommertag an, an dem sich die Kinder gleich im Freien wieder säubern können.

Bürstenmalerei

Unterschiedliche Bürsten (Nagelbürsten, Schuhbürsten, Zahnbürsten) stellen einen wunderbaren Pinselersatz für kleine Kinderhände dar. Einfach einige Fingerfarbkleckse auf eine transparente Acrylscheibe geben. Nun können die Kinder diese mit den Bürsten verstreichen und vermischen. Das daraus entstehende Kunstbild ziert nach dem Trocknen bestimmt so manche Wand.

Teebeutelregenbogen

Auch das Malen mit nassen Teebeuteln stellt eine lustige und bunte Erfahrung für die Kinder dar. Die Kinder legen unterschiedliche Teebeutel (von Fencheltee, grünem Tee, Kamillentee, Brombeertee) der Reihe nach auf ein großes, feuchtes Löschpapier und beträufeln sie mit Wasser. Nun können sie beobachten, wie sich ein farbenfroher Regenbogen über das Löschpapier zieht.

Bunte Sternschnuppen

Wer eine Sternschnuppe sieht, darf sich etwas wünschen. Um diese selbst herzustellen, trägt man bunte Fingerfarbtupfer auf einem Papier auf. Mit Kunststoffgabeln oder mit den Fingern ziehen die Kinder nun einen bunten „Sternschnuppenschweif" oder „Sternenzacken" direkt vom Farbklecks weg. Die bunten Sterne können nun ausgeschnitten und auf blaues Krepppapier oder auf einen aufgeschnittenen blauen Müllsack geklebt werden.

Kunstwerke hinter „Glas"

Kinder sind auf ihre entstandenen Werke besonders stolz. Um diese auszustellen, verwandeln wir eine Schuhschachtel in eine „Künstlerbox". Im Vorfeld wird der Deckel der Schachtel an der Oberseite so ausgeschnitten, dass ein Rahmen von etwa 4 cm erhalten bleibt. Nun gestalten die Kinder ihre Schachtel innen und außen mit Fingerfarben. Nach dem Trocknen wird das Bild, das ausgestellt werden soll, am Boden der Schuhschachtel festgeklebt. Nun eine transparente Mobilefolie dem Deckel der Schachtel anpassen und auf der Innenseite des geschnittenen Rahmens festkleben. Verschließt man nun die Schuhschachtel mit dem transparenten Deckel, betrachten die Kinder ihr wertvolles Kunstbild hinter „Glas".

BUNTER FARBDRUCK

Beim Experimentieren mit Farbe hat auch das Erstellen von Mustern einen hohen Aufforderungscharakter für Kinder. Wegwerf- oder Alltagsmaterialien lassen sich wunderbar als Druckstöcke verwenden und hinterlassen interessante Spuren und Muster.

Tipp

Papierstreifen aus dem Aktenvernichter eignen sich wunderbar zum Spielen, Werfen, Auseinanderzupfen und zur Darstellung von Haaren und Fell. Taucht man ein solches Papierknäuel in Farbe und drückt es auf ein Papier, entstehen vielfältige Drucke, von denen keiner dem anderen gleicht.

Papierdruck

Ein Stempel muss nicht aufwendig gestaltet werden. Einfach Zeitungspapier oder Verpackungspapier fest zusammenknüllen und mit Fingerfarbe bepinseln. Auf großem Papier drucken die Kinder das geknüllte, farbige Papier ab. Möchten sie beispielsweise eine Blumenwiese gestalten, bieten sich grüne Holzspatel, grüne Strohhalme, grünes Transparent- oder Krepppapier sowie Pfeifenputzer etc. an, die als Blumenstängel aufgeklebt werden.

Schwammstempel

Die Kinder tauchen Putz- oder Badeschwämme in beliebige Finger- oder Temperafarbe. Diese können auf Papier oder auch auf transparenter Mobilefolie abgedruckt werden. Vielleicht lassen sich in den Mustern Tiere erkennen? Druckt man mehrere runde Schwämme hintereinander, sehen sie aus wie eine Raupe oder viele kleine, dicke Kugelfische.

Gedruckte Geometrie

Ältere Krippenkinder können runde und eckige Formen gut voneinander unterscheiden. Um diese zu drucken, den Rand von verschiedenen Joghurt- oder Quarkbechern mit Fingerfarbe bemalen und auf Papier drucken. So entstehen runde oder eckige Formen, die sich mit aufgeklebten runden oder eckigen Materialien, wie bunten Flaschenstöpseln, Papierschnipseln, Mosaiksteinen oder Knöpfen wunderbar verzieren lassen. Auch Holzbausteine in verschiedenen Formen lassen sich hervorragend als Druckstöcke verwenden.

MATSCHSPRÜCHE

Möchte man das Malen und Matschen mit Fingern und Farbe lebendiger gestalten, begleitet man das bunte Treiben durch kurze Mitmachsprüche.
Hierbei soll kein perfektes zeichnerisches Ergebnis im Vordergrund stehen, sondern das lustvolle Matschen in bunter Farbe und die sprachliche Begleitung.

Wolken

In der Farbe wühlen wir –
mit den Fingern auf Papier.
Sie kreisen wie ein Sausewind –
dabei entsteht ein Wolkenkind.

Die Kinder erhalten Fingerfarbe in Schüsseln sowie eine große Papierrolle und fahren mit kreisenden Bewegungen über das Papier.

Regenbogen

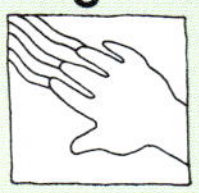

Mit den Farben Lila, Rot, Gelb, Grün und Blau –
sieh mal her und schau genau –
wird ein Halbkreis schnell gezogen –
so entsteht ein Regenbogen.

Für diesen Spruch wird jeder Finger in eine der genannten Farben getaucht. Streicht die Hand im Halbkreis über das Blatt, entsteht im Nu ein Regenbogen.

Sonne

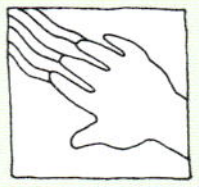

Mische, mische, voller Wonne,
wir malen eine schöne Sonne.
Wir versuchen es auf diese Weise,
alle malen wir im Kreise.
Mit zwei Fingern ziehen wir
Sonnenstrahlen eins, zwei, drei und vier.
Doch es fehlen fünf, sechs, sieben und noch acht –
das haben wir jetzt gut gemacht!

Parallel zu diesem Spruch malen die Kinder eine großformatige Sonne auf das Papier.

Tanzende Fingerlein

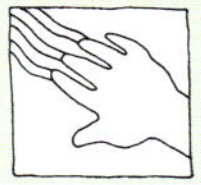

Unsere zehn Fingerlein
wollen heute Tänzer sein.

In rote Farbe tauchen sie,
stecken drin fast bis zum Knie.
Sie schleichen rundherum ganz leis
und malen einen roten Kreis.

In blaue Farbe tauchen sie,
stecken drin fast bis zum Knie.
Sie schwingen hin und schwingen her,
der blaue Bogen freut sie sehr.

In grüne Farbe tauchen sie,
stecken drin fast bis zum Knie.
Dann hüpfen sie herum, hurra!
Und schon sind grüne Tupfer da.

Doch irgendwann ist es so weit,
übermannt sie dann die Müdigkeit.
Ne Weile stehen sie ganz krumm
und fallen dann ganz plötzlich um.

Stellen Sie den Kindern ein weißes Blatt Papier sowie bunte Fingerfarben zur Verfügung. Passend zum Spruch werden die entsprechenden Farben mit den Fingern aufgetragen.

MEINE BUNTE WELT

Ein farbenfroher Gruppenraum wirkt sehr einladend. Wird dieser durch einige bunte Angebote bereichert, weckt das bei Kindern die Entdeckungsfreude und unterstützt ihren Forschungsdrang. Durch ein paar Handgriffe kann man auf schnelle Weise kostbare bunte „Schätze" herstellen. Es ist allerdings auch wichtig, darauf zu achten, dass der Raum nicht überladen wirkt, da die Kinder immer auch „kahle Stellen" im Raum brauchen, um ihre Augen von den optischen Reizen auszuruhen.

Schachtelturm

Für diesen Turm benötigt man Schuhschachteln ohne Deckel. Die Schachteln werden mit Fingerfarbe oder Malbirnen innen und außen bunt bemalt oder mit Papierresten beklebt. Nun verzieren die Kinder ihren Turm an den Innenseiten mit Spiegelfolie und bunter Glitzerfolie, bunten Krepppapierbändern, Irispapierstücken oder bemalten CDs. Zuletzt stapeln sie die Schachteln so übereinander, dass man hineinsehen kann. Zur Fixierung wird der Schachtelturm mit Heißkleber an den Außenwänden miteinander verbunden. Nun können die Kinder die zahlreichen Spiegelungen und Reflexionen in diesem Gebäude betrachten.

Fransen-Baldachin

Um Bereiche im Gruppenraum kuscheliger und einladender zu gestalten, ist es manchmal hilfreich, die Raumhöhe etwas zu verringern. Ein Baldachin stellt dafür eine Möglichkeit dar. Die Kinder bemalen hierfür einen hölzernen Gymnastikreifen und hellen Stoff (2 x 2 m) bunt mit Fingerfarbe.

Ist alles getrocknet, den Stoff in mehrere etwa 10 cm breite Bahnen schneiden und an einem Ende mit doppelseitigem Klebeband rundherum am Reifen anbringen. Zuletzt fädelt man dicke Wolle quer durch den Reifen und verknotet die Enden. Die Wolle kann an einem Haken an der Decke eingehängt werden und den Baldachin tragen.

Regenbogenzelt

Um einen Regenbogen vom Himmel zu holen, bohrt man in zwei Holzlatten (ca. 130 cm lang) im selben Abstand fünf Löcher und schraubt die Enden mit zwei kürzeren Holzlatten (ca. 80 cm lang) zusammen, sodass ein viereckiges Grundgerüst entsteht. Nun ist Teamgeist gefragt, da man für den Regenbogen viele bunte Papprollen benötigt. Die Kinder bemalen die Papprollen mit Fingerfarbe in Regenbogenfarben. Die getrockneten Papprollen werden nun auf fünf stabile, mit Kunststoff ummantelte, Drahtstücke (ca. 150 cm lang) aufgefädelt und der Draht zu einem Halbkreis gebogen. Nun nur noch die Drahtenden durch die gebohrten Löcher der Holzlatten stecken und am Ende umbiegen, sodass sie nicht wieder herausrutschen können. Tolle Effekte entstehen, wenn zwischen den Papprollen bunte Krepppapier- oder Stoffstreifen befestigt werden, die man greifen kann. Diesen Regenbogen auf einer gemütlichen Kuscheldecke platzieren und nun können die Kinder hindurchkrabbeln oder sich zum Träumen darunterlegen.

Kapitel 4

Kreative Naturmaterialien

Gerade die Natur präsentiert uns ein großes Spektrum an spannenden Angeboten. Ob Steine, Tannenzapfen, Äste oder Moos, jedes Material bietet uns durch seine individuellen Eigenschaften zahlreiche Impulse für eine intensivere Auseinandersetzung.

ZAUBEREIEN MIT STEINEN

Das Sammeln von Steinen ist für Kleinkinder, sobald sie sich selbstständig fortbewegen können, eine spannende Angelegenheit. Beim Sammeln selbst machen die Kinder wichtige Erfahrungen, denn das gezielte Bücken und Aufheben erfordert vielerlei koordinierte motorische Bewegungen. Anschließend laden die Fundstücke zum Weitergestalten und zur kreativen Verarbeitung ein.

Achtung: Junge Kinder befinden sich beim Erkunden ihrer Umgebung noch in der oralen Phase, daher sollte man darauf achten, dass die Steine nicht versehentlich in den Mund wandern.

Muster- und Strukturmalerei

Jeder Stein ist einzigartig. In der Natur werden wir kaum zwei exakt gleich aussehende Steine finden. So ist auch jeder Stein mit einer individuellen Maserung ausgestattet. Um diese sichtbar zu machen, erhalten die Kinder einen Becher mit etwas Speiseöl und Wasser sowie einen Pinsel. Bemalen sie die trockenen Steine mit dem Öl-Wasser-Gemisch, kommen die unterschiedlichen Muster zum Vorschein.

Steinspirale

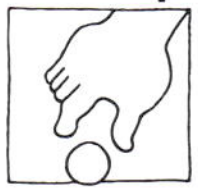

Ein Stein in einer freihängenden Spirale kann durch Drehen aus verschiedenen Perspektiven betrachtet werden. Die Kinder betupfen den Stein im Vorfeld mit Bastelkleber und versehen ihn mit bunten Papierschnipseln oder Wollstücken.

Nun wird der Stein mit Aludraht in Form einer Spirale umwickelt. Die Enden des Drahtes müssen eingebogen werden, damit keine Verletzungsgefahr besteht. Mit einem Wollfaden in kindgerechter Höhe an die Decke hängen und schon können die Kinder ihre Steinspirale drehen. Beim Drehen und Schwingen der Steinspirale benötigen die Kinder genügend Platz und es ist wichtig, dass Zuschauer nicht zu dicht daneben stehen.

Hügelbilder

Um ein hügeliges Kunstwerk zu gestalten, benötigt man eine Spanplatte (ca. 30 x 20 cm) und unterschiedlich große Steine. Die Kinder legen die Steine auf der Spanplatte beliebig auf und ein Erwachsener fixiert sie mit Heißkleber.

Nun kann die Hügellandschaft mit bunter Fingerfarbe bemalt werden. Auf diese Weise entsteht eine bunte, hügelige Landschaft, die man wunderbar mit kleinen Autos oder Murmeln erforschen und die schiefe Ebene erproben kann.

Bunte Steintürme

Wer sagt, dass Steine immer grau sein müssen? Die Kinder gestalten flache Steine farbenfroh mit bunter Fingerfarbe. Ist alles getrocknet, können damit bunte Steintürme gestapelt werden. Wer schafft es, den höchsten Turm zu bauen? Mit einem Farbwürfel lässt sich daraus sogar ein Farbspiel gestalten. Der Farbwürfel zeigt an, welcher Stein als Nächstes aufgestapelt werden soll.

Tipp

Mit Klettband kann man die Steine aneinander befestigen und die Steintürme somit haltbar machen. Wer möchte, zerlegt sein Bauwerk wieder und stapelt die Steine neu.

Steingesichter

Um älteren Krippenkindern ein Gefühl für ihre Gesichtsteile zu vermitteln, eignet sich diese Lege- oder Klebeübung hervorragend. Zunächst betrachten sie im Spiegel ihr Gesicht und schauen genau, wo sich ihre Augen, ihre Nase, ihr Mund, ihre Ohren und die Haare befinden und welche Farbe sie haben. Dementsprechend gestalten sie flache, kleine Bachsteine mit Fingerfarben. Aus einem hautfarbenen Fotokarton nun einen Kreis (Ø 25 cm) ausschneiden, der den Kopf darstellt. Sind die Steine getrocknet, können sie als fehlende Körperteile dem Gesicht entsprechend zugeordnet werden.

Lustige Steinfiguren

Für diese hübschen Steinfiguren benötigt man einen größeren und einen kleineren Stein. Der kleine Stein wird von einem Erwachsenen mit Heißkleber am großen Stein fixiert. Nun bemalen die Kinder mit Fingerfarben ihren Stein nach Belieben. Aus bunten Woll- oder Baststücken kleben ältere Kinder ihrem Stein Haare auf und gestalten aus kleinen Kieselsteinen die Augen und die Nase. Ein kleines Holzstück kann den Mund darstellen. Schon ist das lustige Steinfigürchen fertig.

Kieselsteinschüttelbilder

Etwas zu schütteln und danach eine Veränderung zu sehen, ist für Kinder besonders interessant. Die Ränder eines Schuhdeckels werden an der Innen- und Außenseite bunt gestaltet. Den Boden des Deckels an der Innenseite mit Spiegelfolie bekleben. Anschließend bemalen die Kinder kleine Kieselsteine bunt mit recht flüssiger Fingerfarbe. Sobald die Steine trocken sind, können sie in den Deckel gelegt werden. Über diesen eine Frischehaltefolie straff spannen und an den Rändern zusätzlich mit Klebestreifen fixieren. Die Kinder greifen den Deckel am Rand und schütteln die bunten Steine hin und her.

Tipp

Wird der Boden des Schuhkartondeckels in vier Bereiche unterteilt und mit vier unterschiedlichen Farben bemalt, können ältere Kinder versuchen, die Kieselsteine beispielsweise in die rote, die blaue, die grüne oder die gelbe Ecke zu schütteln.

BUNTE TANNENZAPFEN

Der Tannenzapfen stellt mit seiner hölzernen Struktur ein vielseitiges Naturmaterial dar. Alleine das Befühlen des Zapfens ist für Kinder eine interessante Sache. Im getrockneten Zustand kann man die einzelnen Schuppen zählen. Ein kleines Experiment bringt die Kinder zum Staunen und verdeutlicht ihnen Naturgesetzmäßigkeiten. Gibt man den Zapfen in ein Glas Wasser, kann man über einen längeren Zeitraum beobachten, wie sich dieser allmählich schließt.

Buntes Zapfenmobile

Um ein herbstliches Mobile zu gestalten, beklebt man zunächst die Schuppen der Tannenzapfen rundum mit bunten Papierschnipseln. Wurden mehrere bunte Zapfen gestaltet, knotet man an der Oberseite einen bunten Wollfaden an, verbindet das andere Wollende mit einem Ast und schon ist ein buntes Mobile entstanden.

Zapfenmurmelbahn

Mit diesem Spiel wird die Feinmotorik gefördert. Die Kinder gestalten zunächst einen Schuhkarton bunt mit Fingerfarben. Ebenso betupfen sie Tannenzapfen mit einem Pinsel mit Fingerfarbe. Ist alles getrocknet, stellen sie die bunten Zapfen beliebig auf der Innenseite des Schuhkartondeckels auf und die Erzieherin fixiert sie mit Heißkleber an den gewünschten Stellen. Nun kommen die rollenden Murmeln hinzu. Durch Hin- und Herbewegen des Kartons rollen die Murmeln lustig zwischen den Tannenzapfen hin und her.

Ältere Kinder können versuchen, die Murmel durch den Karton zu rollen, ohne dass diese die Tannenzapfen berührt.

Waldhexen

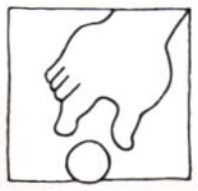

Hex, hex, die Waldhexen kommen! Der Körper der kleinen Wesen entsteht aus einer mit Stoffresten beklebten Pappröhre. Ein kleiner Tannenzapfen, in den ein dünnes Ästchen gesteckt wird, stellt den Kopf der Hexe mit Hexennase dar. Augen und Mund werden aus Moosgummi zugeschnitten und aufgeklebt oder mit Fingerfarbe aufgemalt. Die Haare können aus Wolle oder Märchenwolle gestaltet werden. Nun den Tannenzapfenkopf am Hexenkörper festkleben. Wird ein langer, dünner Ast an einem Ende rundum mit Baststücken beklebt, entsteht ein Hexenbesen. Damit die Hexe auf ihrem Besen reiten kann, einfach das untere Drittel der Pappröhre mit einer Prickelnadel durchbohren und den Hexenbesen durchstecken. Schon sind die fliegenden Hexen auf dem Hexenbesen startbereit.

Tipp

Die fliegenden Hexen kann man auch in ein Sprachspiel einbauen. Die Kinder bewegen sich mit den Hexen in der Hand durch den Raum und können nun unterschiedliche Aufgabenstellungen erhalten: „Die Hexen landen nun auf dem Teppich, unter dem Sessel, neben der Kommode ..."

Wichtelwald

Besonders junge Kinder mögen es, wenn sie gestaltete Werke wieder verändern und umstrukturieren können. Der Wichtelwald eignet sich dafür prima. Hierfür benötigt man einen festeren Karton (ca. 50 x 50 cm), der zuvor mit Magnetfolie überzogen oder mit Magnetfarbe bestrichen wurde. Zunächst verwandeln die Kinder einige Zapfen mit Fingerfarbe in Bäume. Etwas kleinere Zapfen, die an der Oberseite mit Filzdreiecken beklebt werden, stellen die Waldwichtel dar. Augen, Nase und der Mund der Wichtel entstehen aus angeklebten Fotokartonstücken.

Sind alle Zapfen gestaltet, bringt die Erzieherin mit Heißkleber an der Unterseite jedes Zapfens einen runden Magneten an. Die Kinder können nun ihre Zapfenfiguren auf den Karton stellen, nach Belieben verschieben und somit ihren Wichtelwald jederzeit verändern.

Zapfenigel

Die Kinder stecken in einen etwas größeren Tannenzapfen mehrere gesammelte, kleinere Äste und schon verwandelt sich der Zapfen in einen Igel. Zum besseren Halt tupfen die Kinder ein Astende zuvor immer in etwas Holzleim und stecken es anschließend in den Zapfen. Wer möchte, kann das Gesicht des Igels mit Augen und Nase weiter ausgestalten.

Zusammengestecktes Tannenzapfenkunstwerk

Tannenzapfen gibt es nicht nur zu Weihnachten. Dieses bunte Naturkunstwerk ist einfach und rasch hergestellt, aber dennoch sehr wirkungsvoll. Die Kinder bemalen einige Tannenzapfen mit Fingerfarbe. Der erste Tannenzapfen wird auf ein kleines buntes Fotokartonstück geklebt. Weitere bunte Zapfen werden durch Zusammenstecken der Schuppen daran befestigt. Ein interessantes Gebilde entsteht, das jederzeit wieder auseinandergenommen und neu zusammengesteckt werden kann.

GESTALTEN MIT SAND

Sand bietet vielfältige Spielangebote. Schon durch das Befühlen wird die taktile Wahrnehmung der Kinder stimuliert. Trockenen Sand kann man rieseln lassen und die einzelnen Körnchen erfühlen. Nasser Sand bietet durch seine matschige Oberfläche weitere spannende, haptische Erfahrungen und zeigt andere physikalische Eigenschaften. Egal, in welcher Form man den Sand verwendet, er lässt sich wunderbar kreativ verarbeiten.

Strukturgemälde

Vermischt man Sand mit etwas Fingerfarbe, entsteht im Nu eine bunte Paste. Mit einem Pinsel verteilen die Kinder diese auf einem stärkeren Karton. Nach dem Trocknen wirken diese Bilder nicht nur optisch, sondern lassen sich auch intensiv befühlen.

Streubilder

Auf buntem Tonkarton ziehen die Kinder mit flüssigem Bastelkleber oder Kleister verschiedene Linien und gestalten dadurch Muster. Nun streuen sie feinen Sand auf die Klebespuren. Den übrigen Sand abschütteln und schon ist das Streubild fertig. Bunt gefärbter Sand macht das Klebemuster gleich noch interessanter.

Schüttelflaschen

Um Schüttelflaschen herzustellen, benötigt man gut ausgespülte transparente Kunststoffflaschen mit Verschluss. Etwas größere Steine, die gerade noch durch die Flaschenöffnung passen, werden mit Fingerfarben bunt gestaltet. Als Nächstes füllt man die Steine zusammen mit feinem Sand in die Flasche. Der feine Sand lässt die bunten Steine verschwinden. Kommen diese durch Schütteln oder Drehen der Flasche wieder zum Vorschein?

Sandmännchen

Mit diesem Sandmännchen sind schöne Träume garantiert! Zunächst einen transparenten Gefrierbeutel bunt mit Fingerfarbe gestalten. Nach dem Trocknen einen zweiten Gefrierbeutel darüberziehen und den inneren Beutel bis zur Hälfte mit Sand befüllen. Mit einem Gummiband wird die Mitte beider Beutel abgebunden, wodurch der Körper des Sandmännchens sichtbar wird. Nun erneut so viel Sand einfüllen, dass sich der Kopf bildet und sich die beiden Beutel mit einem Gummiband am oberen Ende noch gut zusammenbinden lassen. Wollstücke können die Haare darstellen. Aus Filz die Augen, die Nase und den Mund gestalten.

BLÜTEN, BLÄTTER UND GRÄSER

Blüten und Blätter inspirieren uns bereits beim Sammeln und näherem Betrachten, sie bieten sich aber auch hervorragend für eine kreative Weitergestaltung an. Setzt man sie in getrocknetem Zustand in Szene, erfreuen sich die Kinder lange an diesem Natur- und Kreativmaterial.

Leuchttisch

Für kleine Forscher ist ein Leuchttisch eine tolle Sache. Im Vorfeld bemalen die Kinder die Außenwände einer Schachtel bunt mit Fingerfarbe und kleben getrocknete Blätter, Blüten oder Äste darauf. Als Beleuchtung vier batteriebetriebene LED-Lampen in den Ecken am Schachtelboden sowie eine LED-Lampe in der Mitte platzieren und eine Acrylscheibe von einer Seite mit weißem Transparentpapier bekleben. Schaltet man nun die Lichter ein und legt die vorbereitete Acrylscheibe darüber, steht eine beleuchtete Tischplatte bereit. Legen die Kinder Blätter oder Blüten darauf, können die Farben und Maserungen genau betrachtet werden.

Laubbäumchen

Wir gestalten unseren eigenen Baum! Zunächst wird eine Pappröhre als Baumstamm mit brauner Fingerfarbe bemalt und mit Kork- oder Wellpappestücken beklebt. Zur Fixierung klebt die Erzieherin den Stamm an einem Ende mit Heißkleber auf einem bemalten Bierdeckel auf. Einen Ast mit kleinen Zweigen in die obere Öffnung der Röhre stecken und schon ist der kahle Baum fertig. Die Kinder kleben nun kleine gepresste Blätter mit Kleister auf eine transparente Mobilefolie. Die Erzieherin schneidet diese aus, stanzt ein Loch hinein und fädelt eine grüne Bastschnur oder Wolle (ca. 10 cm lang) hindurch. Nun können die Kinder ihren Laubbaum mit den vorbereiteten Blättern schmücken.

Tipp

Auf die Blätter Fotos der Kinder aufkleben und beispielsweise als Willkommensritual die Blätter mit den Fotos der anwesenden Kinder an den Baum hängen.

Zauberhafte Blättercollage

Für eine herbstliche Collage werden gesammelte Blätter mit Kleister auf Transparentpapier fixiert und ein zweites Transparentpapierblatt darübergeklebt. Nun die Blättercollage beispielsweise an der Fensterscheibe anbringen. Bei Sonneneinfall sieht man die Maserungen der aufgeklebten Blätter und deren Umrisse deutlich. Ebenso bietet es sich an, die Blättercollage auf dem Leuchttisch (siehe links) näher zu betrachten.

Blätterzauberbilder

Mit gesammelten Blättern kann man wunderbare Bilder herstellen. Hierzu klebt man die Blätter mit gerollten Klebestreifen auf einen Regenbogenkarton und malt mit einer Schaumstoffrolle oder einem breiten Pinsel und dunkler Fingerfarbe darüber. Werden nach dem Trocknen die Blätter wieder entfernt, kommen schöne Regenbogenblätter zum Vorschein.

Naturpinsel

Ein Pinsel aus Heu oder Stroh stellt eine lustige Abwechslung zu herkömmlichem Kreativwerkzeug dar.
Hierfür ein Ende eines Rundholzes (ca. 10 cm lang) rundum mit Stroh- oder Heustücken umwickeln, mit einer Schnur fest verknoten und zusätzlich mit Isolierband umwickeln. Tauchen die Kinder diesen Pinsel nun in etwas Fingerfarbe, lassen sich damit interessante Muster auf ein Papier bringen.

Heukissen

Ein Kissenüberzug wird bunt mit Pinsel und Fingerfarbe oder Stoffmalstiften gestaltet und nach dem Trocknen mit Heu, getrocknetem Lavendel oder Kräutern gefüllt. So ein Heukissen zum Schnuppern ist etwas ganz Besonderes.

Wiesendruck

Viele Kinder genießen es, barfuß durch die Wiese zu laufen. Dabei sammeln sie wichtige taktile Erfahrungen. Die Struktur des Grases kann man nicht nur erfühlen, sondern durch einen Wiesendruck auch optisch festhalten. Hierfür bestreichen sie eine kleine Wiesenfläche bunt mit selbst gemachter Saft-Fingerfarbe und drücken ein Blatt Papier auf den bemalten Bereich. Ein interessantes Muster entsteht und zeigt die einzelnen Grashalme. Auf die bedruckten Blätter können die Kinder noch getrocknete Blüten, Gräser und kleinere Äste als Verzierung aufkleben. Der nächste Regen wäscht das Gras dann wieder sauber.

Fingermalfarbe aus Säften

3 EL Zucker, $^1/_2$ Tasse Maisstärke, 2 Tassen kaltes Wasser zusammenrühren und bei niedriger Temperatur zu einem Brei kochen. Mit stark färbendem Gemüse oder Säften kann man verschiedene Farben herstellen. Spinat färbt den Brei grün, Kirsch- und Rote-Bete-Saft sorgen für eine rote und Blaubeersaft für eine blaue Färbung.

Tipp

Durch das Malen mit einem Riesenpinsel sammeln die Kinder grobmotorische Erfahrungen. Hierfür einfach einen 30–50 cm langen Stock an einem Ende mit Stroh, dicker Wolle, Jutestoff oder Watte fest umwickeln. Nun können die Kinder auf einer großen Papierrolle damit malen.

Naturkleisterbilder

Im Vorfeld sammeln die Kinder Blüten, Gräser, Heu oder Stroh und trocknen die Materialien. Nach dem Trocknen werden diese in mehreren Schichten beliebig auf ein Tablett aufgelegt. Gemeinsam mit der Erzieherin schütten die Kinder nun Kleister über ihr Kunstwerk und lassen das Ganze einige Tage trocknen. Danach kann man das Naturbild einfach vom Tablett abziehen. Der getrocknete Kleister hält das Kunstwerk zusammen. Färbt man den Kleister mit etwas Lebensmittelfarbe bunt, wirkt das Arrangement noch farbenfroher.

WERKSTÜCKE AUS HOLZ

Sobald sich die Kinder im Freien mit der Natur spielerisch auseinandersetzen, spielen sie oft mit kleinen Ästen. Ältere Kinder bauen diese Materialien dann gezielt in ihre Rollenspiele ein und so wird aus einem kleinen Ast beispielsweise im Nu ein Kochlöffel, mit dem man prima in der Sandsuppe rühren kann.

Bunte Weidenketten

Um eine bunte Naturkette herzustellen, bemalen die Kinder Weidenäste (ca. 20 cm lang) mit Fingerfarbe. Nach dem Trocknen biegen sie den Ast zu einem Kreis, stecken die Enden in ein kleines Salzteigstück und schließen den Ring auf diese Weise. Einen weiteren Weidenast nun durch den zuvor gestalteten Ring hindurchführen und die Enden ebenfalls miteinander verbinden. Die bunte Kette kann durch beliebig viele Glieder erweitert werden.

Holzkörbchen

Brauchen die Kinder ein kleines Körbchen für die Osterdekoration oder einen Schlafplatz für Bello? Aus lufttrocknender Modelliermasse formen die Kinder einen runden oder eckigen Boden, der mindestens 3 cm dick sein sollte. Anschließend stecken sie rund um den Rand der Modelliermasse beliebig viele Äste hinein. Nach zwei Tagen Trockenzeit kann das Körbchen zum Einsatz kommen.

Sonne, scheine!

Sonnenschein sorgt für gute Laune im Gruppenraum. Einfach eine Holzscheibe und dünne Äste (ca. 15 cm lang) mit Fingerfarben in Sonnenfarbe bemalen und mit aufgeklebten Federn oder Dekorsand verzieren. Ist alles getrocknet, kleben die Kinder die dünnen Äste, welche die Sonnenstrahlen darstellen, an der Rückseite der Holzscheibe mit Holzleim fest und schon strahlt die Sonne.

Astmännchen

Dieses Astmännchen ist ein echter Hingucker. Einen dickeren Ast, der den Körper des Männchens darstellt, bunt mit Fingerfarben bemalen und im oberen Drittel das Gesicht gestalten. Als Haare dienen Naturbast- oder Wollstücke, Märchenwolle oder getrocknete Gräser, die mit Bastelkleber oder Kleister aufgeklebt werden.

Um die Arme darzustellen, bindet man eine Bastschnur um die Mitte des Körpers und verknotet zwei kleine Aststücke als Hände jeweils an einem Ende. Weitere zwei Aststücke auf die gleiche Weise etwas weiter unten an einer Bastschnur angebracht, stellen Beine und Füße dar.

Tipp

Ganz junge Kinder können das Gesicht noch nicht naturgetreu zeichnerisch darstellen. Hier ist es wichtig, ihre Entwicklung zu berücksichtigen und es zuzulassen, dass sich die Kinder kritzelnd, ihrem Entwicklungsstand entsprechend, kreativ verwirklichen können.

Kapitel 5

Recycling mit Spaß

Tagtäglich sammeln sich jede Menge Materialien aus Wertstoffen in unserem Haushalt an. Viele dieser Gegenstände eignen sich wunderbar für die kreative Verarbeitung. Ob Kunststoff, Pappe, Papier oder Stoff, jedes Material lässt sich durch seine besonderen Eigenschaften auf andere Weise einsetzen.

MIT PAPPE, KARTON UND PAPIER

Zeitungspapier zu knüllen und die entstandenen Bälle im Raum herumzurollen, entzückt bereits die Allerjüngsten. Pappe, Karton und Papier lassen sich auf vielfältigste Weise kreativ bearbeiten. Beim Papierschneiden kommen die Kinder anfangs am besten mit einer Zangenschere zurecht, da sie diese mit der ganzen Hand betätigen können.

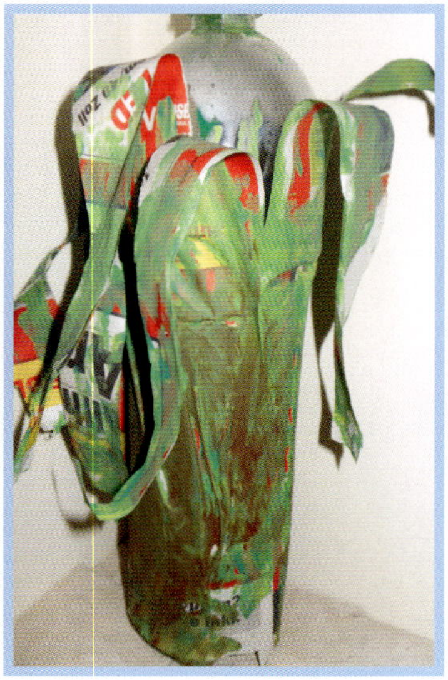

Zeitungspalme

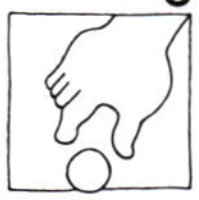

Schnell ist eine Zeitungspalme aus mehreren Zeitungsblättern gezaubert. Die Kinder rollen mit Unterstützung der Erzieherin die Zeitung zu einer Rolle zusammen und fixieren das Ende mit Klebestreifen. Wird die Rolle mit einer Schere rundum eingeschnitten, fällt das Papier an den Schnittstellen nach außen und stellt die Palmenblätter dar. Mit Fingerfarbe gestalten die Kinder ihre Palmen bunt. Wurden mehrere Palmen hergestellt, dienen diese beispielsweise als Orientierungshilfe bei einem Slalomlauf. Stülpt man die Palmen über kleine mit Sand gefüllte Plastikfläschchen, fallen sie nicht so schnell um.

Bowlingkugel

Beim Herstellen der Bowlingkugel ist besonders das Matschen mit Kleister sehr interessant. Zunächst Zeitungspapier zu einer Kugel knüllen, mit Kleister bepinseln und eine weitere Schicht Zeitungspapier über die Kugel legen, die wiederum mit Kleister eingestrichen wird. Bei diesem Vorgang benötigen die Kinder etwas Unterstützung. Auf diese Weise werden so viele Zeitungspapierschichten übereinandergeklebt, bis die gewünschte Kugelgröße erreicht ist. Als letzte Schicht wird Seidenpapier in der gewünschten Farbe verwendet. Ist alles getrocknet, lässt sich die bunte Bowlingkugel rollen.

Schmucktäschchen

Hier haben Kleinigkeiten Platz. Für dieses Täschchen zwei Seiten Zeitungspapier längs übereinanderlegen und die untere Kante des Papiers so nach oben falten, dass etwa zwei Drittel des Papiers bedeckt sind und ein Drittel als Lasche übrig bleibt. Die Faltstelle glatt streichen und den rechten und linken Rand zusammenkleben. Wird das obere Drittel nun nach unten gefaltet und glatt gestrichen, entsteht ein Täschchen, das die Kinder bunt bemalen können. Tackert man ein längeres Bast- oder Wollstück mit den Enden an den Seiten fest, lässt sich die Tasche umhängen. Darin lassen sich prima wertvolle Papierschnipsel, Zeichnungen oder andere leichte Schätze aufbewahren.

Tipp

Die Druckerschwärze von Zeitungspapier ist etwas abriebfester als noch vor einigen Jahren, aber dennoch sollten die Kinder nach dem Umgang mit Zeitungspapier die Hände waschen. Wer möchte, kann statt Zeitungspapier auch unbedrucktes Seidenpapier verwenden.

Papierröckchen

Verkleidung gefällig? Ein hübsches Röckchen ist schnell aus Zeitungspapier gestaltet. Hierfür einfach mehrere Zeitungsblätter der Breite nach mit Klebestreifen zusammenkleben und von unten her etwas einschneiden, sodass Fransen entstehen. Das Zeitungsröckchen mit Fingerfarben bunt bemalen und trocknen lassen. Zuletzt kann das Röckchen um die Taille gewickelt und mit Klebestreifen fixiert werden.

Hängende Ordnungsboxen

Schon junge Kinder ordnen und sortieren gern. Solch eine Ordnungsbox zum Aufhängen ist aus einer Eierkartonschachtel rasch hergestellt. Zunächst bemalen die Kinder die Eierschachtel innen und außen mit Fingerfarbe. Ist alles getrocknet, wird an den zwei vorderen Ecken des Deckels mit einer Prickelnadel je ein Loch gebohrt und eine Bastschnur in beliebiger Länge verknotet. Wer möchte, verziert seine Schachtel mit bunten Mosaiksteinen oder mit jenen Dingen, die in der Ordnungsbox gesammelt werden sollen. Damit die untere Hälfte der Schachtel beim Aufhängen nicht nach unten klappt, bohrt man rechts und links je ein Loch in den Deckel sowie in die Hälfte, in der die Utensilien gesammelt wurden. Nun kann man ein Band hindurchziehen und mit einem Knoten sichern. Das Band hat die ideale Länge, wenn die untere Lade im rechten Winkel zum Deckel steht.

Die Schachtel lässt sich nun an einem Nagel an der Wand aufhängen. In den abgetrennten Bereichen der Box kann man wunderbar kleines Kreativmaterial wie Holzperlen, Federn, Mosaiksteine sortieren.

Clownfingerpuppen

Für die Gestaltung der Clownfingerpuppen werden die mittleren Kartonhügel einer Eierschachtel herausgeschnitten und mit Fingerfarben bunt bemalt. Ebenfalls mit Fingerfarbe werden die Clownsgesichter auf Styroporkugeln (Ø 6 cm) gemalt. Die Haare entstehen aus aufgeklebten Wollstücken oder aus Märchenwolle.

Die Erzieherin klebt den Kopf mit Heißkleber an der Spitze des Kartonhügels fest und schon können die fertigen Püppchen auf den Fingern der Kinder zum Einsatz kommen.

Zahnputzmonster

Zähneputzen macht mit diesem Zahnputzmonster großen Spaß! Dazu eine Eierschachtel an den Außenseiten in der gewünschten Farbe bemalen. Die mittleren Kartonhügel stellen die Zähne dar und werden mit weißer Fingerfarbe bemalt. Der Rest der Schachtelinnenseite wird nun als Zahnfleisch in Hautfarbe gestaltet. Zwei beliebig große Fotokartonkreise, die mit Buntstiften als Augen verziert werden, an einem Rand umknicken und an der Oberseite der Schachtel aufkleben.

Anschließend wird braune oder schwarze Wolle um die weißen Kartonhügel gewickelt. Nun sind fleißige Zähneputzer gefragt: Wer kann die Wolle mit einer Zahnbürste entfernen und so die Zähne des Zahnputzmonsters säubern?

Wackelmännchen

Damit dieses Kerlchen fröhlich wippen kann, steht es auf einer halben Styroporkugel (Ø 15 cm). Der Körper besteht aus einer bemalten Pappröhre und der Kopf aus einer kleineren Styroporkugel (Ø 8 cm). Das Gesicht wird aufgemalt und die Haare mit Bast- oder Wollstücken gestaltet. Die Erzieherin klebt die Kopfkugel an ein Ende der Pappröhre und schneidet das andere Ende der Röhre rundum so ein, dass Klebelaschen entstehen, die auf die Styroporkugelhälfte geklebt werden können.

Wird an der Unterseite der Wippe mittig ein kleiner Moosgummikreis (ca. Ø 3 cm) aufgeklebt, kann sich das Männchen besser auspendeln und fällt nicht so schnell um.

Jahreszeitenschachteln

Um das Farbenspiel der Natur darzustellen, werden vier Schuhschachteln mit Fingerfarben bemalt und mit jahreszeitlichen Elementen geschmückt. Die Frühlingsschachtel zieren bunte Seidenpapierkügelchen, die auf grüne Wollstücke aufgefädelt wurden. Seidenblumen, an den Innenwänden aufgeklebt, verbreiten ebenfalls wunderbare Frühlingsgefühle.
In der Sommerschachtel stellt ein Stück eines blauen Müllsackes das Wasser dar. Fische aus Fotokarton und kleine Muscheln oder Dekorsand ergänzen die Szenerie. Auf Wolle gefädelte bunte Blätter aus Fotokarton, Kastanien und Tannenzapfen setzen herbstliche Akzente. In die blaue Winterschachtel können auf Wolle aufgefädelte Wattebäusche geklebt werden. Alufolienstücke und blaue Folie erzeugen einen eisigen Effekt. Um den Rand der Schachtel weiße Watte aufkleben, die den Schnee darstellt.

Tiere im Zoo

Ein Zoobesuch hinterlässt bei Kindern immer besonders viele Eindrücke. Mit den Jüngsten bietet es sich an, Tiere aus lufttrocknender Modelliermasse zu formen und nach dem Trocknen mit Fingerfarbe zu bemalen.
Aus einer Schuhschachtel ebenfalls mit Fingerfarbe ein Gehege gestalten und einige kleinere Äste hineinlegen. Nun können die Tiere einziehen. Um einen Zaum darzustellen, schneidet man die Längsseiten der Schuhschachtel im Abstand von ca. 3 cm ein und steckt dünne Strohhalme dazwischen.

Spinnennetzbilder

Als Grundlage für diese Bilder wird ein Schuhkartondeckel bunt bemalt. Anschließend schneidet die Erzieherin rund um den Rahmen einige rechteckige Laschen aus und befestigt am Rand des Deckels bunte Woll- oder Bastfäden. Die Kinder wickeln nun die Fäden beliebig um die ausgeschnittenen Laschen. Werden zum Schluss die Fadenenden verknotet, ist ein farbenfrohes Spinnennetzbild entstanden.

Märchenzauberwelt

Eine Märchenzauberwelt kann man mit einem großen Karton selbst gestalten. Zunächst werden ein Karton sowie einige halbierte Styroporkugeln mit Fingerfarben bunt bemalt. Später wird der Karton so platziert, dass die Kinder von vorn in die Öffnung krabbeln können. Nun kann man die halben Styroporkugeln auf und in den Karton kleben und den Innenraum mit weiteren wunderbaren Elementen ausgestalten. Das können aufgefädelte Glitzerbälle, Märchenwollebälle oder Krepppapierstücke sein, aber auch bunte Pappröhren, Glitzerfolie oder Mosaiksteine schaffen eine märchenhafte Atmosphäre.

KUNSTSTOFF KREATIV VERARBEITET

Eines der ersten selbst hergestellten Spiele für Kleinkinder sind häufig leere Kunststoffflaschen oder Becher, gefüllt mit Materialien, die beim Schütteln Geräusche erzeugen. Doch aus diesen Rohstoffen lassen sich noch weitere spannende Spielmaterialien kreieren.

Hinweis
Werden Kunststoffgegenstände mit Finger- oder Temperafarbe bemalt, kann es vorkommen, dass die Farben nicht so kräftig wirken wie bei der Verwendung von lösungsmittelhaltigen Farben und unter Umständen auch etwas abblättern. Da jedoch die Sicherheit der Jüngsten und ihre Freude am Tun im Vordergrund stehen, sollten dennoch nur unbedenkliche Farben verwendet werden.

Bunte Bechertürme

Werden Kunststoffbecher in diversen Größen mit Fingerfarbe bunt bemalt, kann man diese danach zu bunten Türmen aufeinanderstapeln. Wer baut den höchsten Turm?

Farbguckbecher

Mit diesem Spiel erhalten die Kinder einen spannenden Zugang zu den Farben. Zunächst werden transparente Kunststoffbecher in den Farben Rot, Grün, Gelb und Blau bemalt und kleine Gegenstände in den entsprechenden Farben darin gesammelt. Nun etwas Frischhaltefolie über die Becheröffnung spannen und am Rand mit Klebefilm umkleben, sodass die Folie straff sitzt. Schon ist der Farbguckbecher einsatzbereit. Die Kinder können ihn schütteln und schauen, was sich in den jeweiligen Bechern befindet.

Becherangelspiel

Mit einem lustigen Angelspiel kann man spielerisch die Feinmotorik fördern. Zunächst wird der Boden eines Kunststoffbechers entfernt. Nun rund um die Becheröffnung am Boden ein buntes Obst- oder Gemüsenetz ankleben, sodass ein Fangnetz entsteht. Um die andere Becheröffnung wird etwas Aludraht gewickelt, die Drahtenden ineinander verdreht und mit einer Rundstange (ca. 15 cm lang) verknotet. Mit dieser lustigen Angel kann man Spielmaisstücke oder Schwimmknetstücke aus einem mit Wasser gefüllten Behältnis fischen.

Versteckmännchen

Aus bunt bemalten Kunststoffbechern kann man lustige Bechermännchen gestalten, in denen sich Kleinigkeiten verstecken lassen. Als Kopf dient ein aufgeblasener Luftballon, der mit einem Gesicht versehen und mit dem verknoteten Mundstück in ein Loch am Boden des Kunststoffbechers gesteckt wird. Stehen mehrere solcher Männchen zur Verfügung, kann man eine Murmel in einem der Becher verstecken und Hinweise geben, wo sich die Murmel befindet, z. B. „die Murmel ist bei dem gelben Männchen zu Besuch“ oder „das Männchen mit den Sommersprossen hat die Murmel“.

Flaschentiere

Kleinere Kunststoffflaschen werden zu wilden Tieren, wenn man sie in der gewünschten Farbe bemalt oder mit Plüschstücken beklebt. Um die Beine anzubringen, schneidet die Erzieherin mit einem Cutter an der Unterseite des Flaschenkörpers vier schmale Schlitze ein, in die man bunte Holzspatel stecken kann. Die Augen, den Mund sowie die Ohren kann man schnell aus Fotokarton und den Schwanz aus Pfeifenputzer- oder Wollstücken gestalten.

Transportköcher

Garantiert knitterfrei lassen sich Zeichnungen mit diesen bunten Flaschen transportieren. Hierzu wird das obere Drittel einer Kunststoffflasche mit einem Cutter entfernt, sodass eine Art Köcher entsteht, und mit Klebefolienstücken bunt gestaltet. Auch ausgestanzte Motive aus buntem Fotokarton wirken toll. Damit jedes Kind seine Flasche wiedererkennt, wird ein laminiertes Foto des Besitzers aufgeklebt.

Stanzt man am Rand der Flasche parallel zwei Löcher, fädelt eine Bastschnur (ca. 30 cm lang) hindurch und verknotet die Enden, lässt sich die Transportflasche sogar umhängen.

Flaschenaquarium

Selbst gestaltete Aquarien begeistern Kinder sehr. Aus dem Mittelteil einer größeren Kunststoffflasche wird mit einem Cutter ein Viereck (ca. 20 x 10 cm) ausgeschnitten. Nun können die Kinder die Flasche bemalen. Damit diese stabil steht, kann man einige Steine in die ausgeschnittene Öffnung legen. Wird das Aquarium mit Wasser befüllt, können kleine Enten, Fische oder Frösche aus Schwimmknetmasse darin schwimmen.

Flaschengeister

Hui, da kommt ein kleiner Flaschengeist hervor! Der Geist entsteht aus Märchenwolle, die fest um das Ende eines Rundholzes (ca. 10 cm lang, Ø 0,5 cm) gewickelt wird. Die Behausung des Kerlchens ist eine mit Folienresten oder Tonpapierstücken beklebte transparente Trinkflasche. Nun können die Kinder ihren Flaschengeist mit dem Rundholz in der Flasche verschwinden lassen und ihn auch geheimnisvoll wieder hervorzaubern.

Ziehschnecke

Nachziehspielzeug ist für Kinder eine tolle Sache. Um diese Schnecke zu gestalten, einen Kunststoffbecher und die Ränder eines Holzstücks (20 x 10 cm, 5 cm dick) bunt mit Fingerfarbe bemalen. Der Becher stellt das Haus der Schnecke dar und wird im hinteren Teil des Holzstücks mit der Öffnung nach unten festgeklebt. Beklebt man die Unterseite des Schneckenbauchs mit Filzstoff, gleitet sie sanft über den Boden.

Zwei Pfeifenputzer dienen als Fühler. Nun nur noch an der Frontseite des Holzes einen Nagel einschlagen und eine lange Schnur daran festbinden und schon lässt sich die Ziehschnecke an der Schnur durch den Raum bewegen.

Riesendomino

Diese großen Dominosteine sind genau richtig für kleine Kinderhände. Für ein solches Spiel werden viele gut ausgespülte Fläschchen von Haarshampoo oder Duschgel mit bunten Papierschnipseln beklebt. Die Kinder stellen diese anschließend wie Dominosteine der Reihe nach auf. Wie lange bleibt die Dominoreihe stehen, bevor sie umfällt?

Spuckvogel

Ein solch witziger Vogel entsteht aus einem gut ausgespülten und bunt bemalten Seifenspender mit Pumpfunktion. Wer möchte, klebt nach dem Trocknen zusätzlich bunte Federn auf. Auf den Drückknopf des Spenders, der den Kopf mit Schnabel darstellt, werden Augen aufgeklebt. Nun kann man Wasser einfüllen und auf die Pumpe drücken – schon spuckt der Vogel die Flüssigkeit in weitem Bogen aus.

Tipp

Der Spuckvogel eignet sich hervorragend im Sommer als lustiges Wasserspiel.

Transparente Collage

Für eine solche Collage einige transparente Kunststoffbehälter sammeln und gut ausspülen. Anschließend befüllen sie die Kinder mit Papierschnipseln, schimmernden Christbaumgirlanden, kleinen Holz- oder Glasperlen, Woll- oder Stoffstücken etc. Werden die transparenten Behälter mit der Öffnung auf eine transparente Mobilefolie geklebt, kann man das Kunstwerk von vorn und hinten betrachten und nichts geht verloren.

Farbflaschengirlande

Eine farbenfrohe Girlande eignet sich immer gut als Dekoration für verschiedene Feste. Einige transparente, gut ausgewaschene Kunststoffflaschen mit Woll-, Filz- oder Stoffschnipseln füllen, sodass mehrere bunt gefüllte Flaschen entstehen. Die Flaschen verschließen und an einer dickeren Schnur der Reihe nach festknoten. Die einzelnen Elemente der bunten Girlande dürfen auch mal nach Herzenslust geschüttelt werden.

MIT STOFF UND WOLLE

Alte Kleidungsstücke oder Wollreste stellen ein herrliches Kreativmaterial für die Kinder dar. Im Nu ist aus dem weichen Material ein Kuschelgegenstand hergestellt, mit dem gerade Kinder im Krippenalter gerne spielen.

Bunter Wickelstrauß

Die Kinder umwickeln einen Ast beispielsweise von einer Korkzieherweide bunt mit Wolle. Rasch entsteht ein farbenfroher Strauß, der eine kreative Abwechslung zu herkömmlichen Blumensträußen darstellt.

Tipp

Blumen oder Herzen, auf kleine Fotokartonkärtchen aufgemalt, an den Wollfäden anknüpfen. So entsteht schnell ein tolles Geschenk zum Muttertag.

Wollkunstwerke

Als Unterlage für die Wollkunstwerke wird transparente Mobilefolie mit Kleister bestrichen. Nun können bunte Wollfäden beliebig aufgelegt werden. Wenn der Kleister getrocknet ist, erhält man individuelle Gestaltungen, mit denen man auch Geschenke verzieren kann.

Fädelbilder

Für diese Anregung schneidet man mehrere Löcher (ca. Ø 7 cm) in einen Fotokartonbogen. Werden einige Wollfäden am Karton verknotet, können die Kinder die Wolle am freien Ende greifen und die Wollfäden durch die ausgeschnittenen Löcher fädeln. Auf diese Weise entstehen individuelle Fädelbilder. Zum Schluss werden die Enden der Schnüre miteinander verknotet.

Wollpüppchen

Um ein kuscheliges Püppchen zu gestalten, einfach ein Wollknäuel in der Mitte mit einer Wollschnur fest zusammenbinden und mit Augen, Nase und Mund aus Filz versehen. Wer möchte, kann für die Augen auch Wackelaugen oder Knöpfe verwenden. Schon ist ein kleines Wollpüppchen entstanden, mit dem es sich gut kuscheln lässt.

Wuschelköpfchen

Ein wuscheliger Freund zum Spielen ist schnell gestaltet. Einfach auf ein Ende einer Rundstange (ca. 20 cm lang, Ø 1 cm) eine Styroporkugel (ca. Ø 15 cm) als Kopf stecken. Nun bestreichen die Kinder die obere Hälfte der Styroporkugel mit Kleister und kleben Haare aus Wollstücken darauf. An der übrigen Rundstange wird doppelseitiges Klebeband aufgeklebt, auf das die Kinder kleine Stoffreste auflegen. Nun dem Wuschelkopf ein Gesicht aufmalen oder -kleben und schon ist der kleine Freund einsatzbereit.

Fadenvorhang

Dieser Vorhang kitzelt beim Hindurchgehen oder -krabbeln. Hierzu ein Rundholz (ca. 150 cm lang, ca. Ø 1 cm) mit doppelseitigem Klebeband umwickeln. Die Kinder kleben nun lange, bunte Wollfäden mit einem Ende an der Rundstange fest und lassen das andere Ende herunterhängen. Ist das doppelseitige Klebeband mit den Wollstücken versehen, wird ein weiteres Klebeband zur Fixierung darübergeklebt. Der Fadenvorhang lässt sich zum Beispiel gut als Raumteiler einsetzen.

Dschungel

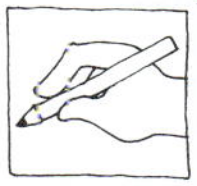

Versteckspiele sind bei Kindern sehr beliebt. Wenn man sich dabei auch noch in einem Dschungel verstecken kann, macht das Ganze sogar noch größeren Spaß.

Ein größerer Karton wird an den Außenwänden mithilfe von Farbrollen mit grüner Fingerfarbe bemalt. Nach dem Trocknen lässt sich der Karton so aufstellen, dass die Kinder hineinkrabbeln können. Nun wird der Innenraum des Kartons als Dschungel gestaltet, indem man an der inneren Oberseite des Kartons mehrere Stücke doppelseitigen Klebebandes anklebt. Dort können lange Wollfäden, Krepppapierbänder, Tüllstoffbahnen oder Bastschnüre befestigt werden, die Lianen, Büsche oder Palmen darstellen. Im Nu hat sich der Karton in einen Dschungel verwandelt, dessen verwilderte Pflanzenwelt jeden Besucher fasziniert.

Streichelwiese

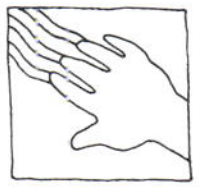

Weich, fest, rau oder glatt? Mit dieser Wiese nehmen die Kinder wahr, wie unterschiedlich sich Stoffe anfühlen können.

Einfach eine kleinere Kartonschachtel mit der Öffnung nach unten aufstellen und an den Außenseiten mit grüner Fingerfarbe als Wiese bemalen. Nach dem Trocknen wird die Schachtel mit mehreren kleinen Löchern versehen, in welche kleine Stoffstücke mit dem Zipfel hineingesteckt und befühlt werden können. Interessant ist es, wenn Stoffe mit unterschiedlicher Struktur zum Einsatz kommen, z. B. Plüsch, Tüll, Jute, Samt, Seide, Leinen, Chiffon.

Vorhang auf!

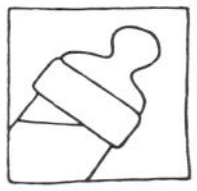

Was versteckt sich hinter diesem Vorhang? Für dieses spannende Spiel benötigt man einen bunt bemalten Holzbilderrahmen. Wird an der Oberseite des Rahmens ein Stoffstück angeklebt, verdeckt dieses den gesamten Rahmen und schürt die Neugier der Kinder.

Nun hält sich ein Kind oder ein Erwachsener dieses Bild mit Vorhang vors Gesicht. Wenn es heißt „Vorhang auf!" kommt die Überraschung zum Vorschein. Großen Spaß haben Kinder auch daran, wenn die Person hinter dem Vorhang jedes Mal eine neue, lustige Grimasse enthüllt.

Marionette

Eine lustige Marionette entsteht aus einem Stoffquadrat (ca. 25 x 25 cm), an dem drei Ecken so mit Gummiringen zu Zipfeln abgebunden werden, dass ein Kopf und zwei Arme entstehen. Die Kinder bemalen das Tuch nach Belieben mit Fingerfarben.

Anschließend legt die Erzieherin zwei Rundstäbe (20 cm, ca. Ø 1 cm) zu einem Kreuz und fixiert die Stäbe mit einer Schnur aneinander.
Am vorderen Ende des Holzkreuzes wird nun eine Nylonschnur befestigt, deren anderes Ende man mit dem Kopfzipfel verknotet. Die beiden seitlichen Enden des Kreuzes werden mit Nylonschnüren mit den beiden seitlichen Zipfeln verbunden, welche die Arme der Marionette darstellen. Dreht man nun das Holzkreuz hin und her, so bewegt sich die lustige Stoffmarionette und die Kinder können versuchen, sie zu greifen.

WERTVOLLES AUS BLECH

Aus Dosen lassen sich zum Beispiel praktische Aufbewahrungs- und Ordnungsbecher herstellen. Allerdings muss bei den Materialien im Vorfeld genau überprüft werden, dass sie keine scharfen Kanten aufweisen.

Krachmachertafel

Hier kann man nach Herzenslust musizieren. Bunt gestaltete Blechdosen in unterschiedlicher Größe mit Heißkleber so auf eine Spanplatte kleben, dass die Öffnung auf der Platte liegt. Werden durch den oberen Rand der Spanplatte im Abstand von ca. 20 cm zwei Löcher gebohrt und eine stärkere Kordel durchgefädelt, kann man das Ganze aufhängen. An der Wand in kindgerechter Höhe angebracht, können die Kinder mit Löffeln oder Schlägeln ein lautes Krachmacherorchester erklingen lassen.

Tipp

Bei der Platzierung der Krachmachertafel sollte eine Stelle ausgewählt werden, bei der niemand durch den Lärmpegel gestört wird.

Schnullerdose

Viele Kinder brauchen zwischendurch ihren Schnuller zum Trösten oder zum Beruhigen. In einer bunt beklebten Blechdose kann dieser gut aufbewahrt werden. Wird ein laminiertes Foto an der Außenseite der Dose befestigt, findet jedes Kind seine Schnullerdose schnell wieder. In die Dose nun eine bunte Serviette legen und den Schnuller darin aufbewahren. Möchte man die Schnullerdose aufhängen, einfach mit einem Bohrer am oberen Rand der Dose zwei Löcher bohren und eine Schnur hindurchfädeln.

Blechblume

Blumen verzieren jeden Raum. Für diese Blume beklebt man eine niedrige Blechdose mit bunten Papierschnipseln. Um die Blütenblätter darzustellen, werden an der Unterseite rund um den Rand bunte Holzspatel aufgeklebt. Nun kann der Innenraum der Dose mit Kleister bestrichen und mit buntem Dekorsand, Glas- oder Mosaiksteinen versehen werden. An einen Holzspatel eine bunte Bastschnur anknüpfen und schon lässt sich die Blume aufhängen.

Vogelmutter mit Küken

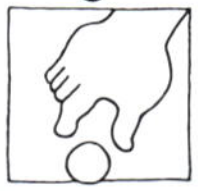

Diese Vogelmutter passt gut auf ihr Küken auf. Als Vogelmutter dient eine Blechdose, die rundum mit bunten Federn beklebt wurde. Aus einem Fotokartonstück ist schnell ein Schnabel gefertigt, der am Boden der Dose mittig angeklebt wird. Die Augen können gemalt oder geklebt werden.

Das Vogelbaby entsteht aus einer kleinen, mit bunten Federn beklebten Styroporkugel, gemalten Augen und einem kleinen Schnäbelchen aus Fotokarton. Weil das Vogelbaby besonders viel Schutz braucht, wird es in die Blechdose gelegt, wo es ganz nah bei seiner Mutter sein kann. Kindern macht es großen Spaß, das Vogelküken in die Dose zu legen und wieder herauszunehmen.

GLITZERNDES AUS CDS

Viele Kinder richten ihre Aufmerksamkeit besonders auf farbenfrohe und glitzernde Elemente. Ausgediente CDs werden auf schnelle Weise zu glitzernden Blickfängen, mit denen man wunderbar spielen kann.

Rollendes Zweirad

Für diesen rollenden Spaß bemalen die Kinder eine Pappröhre und zwei CDs mit bunter Farbe. Ein Erwachsener schneidet die Pappröhre mit der Schere an beiden Seiten mehrmals rundum ein, sodass Klebelaschen entstehen. An diesen wird je eine CD rechts und links mit Heißkleber aufgeklebt. Diese rollenden Zweiräder sind sofort einsatzbereit und ziehen bestimmt viele Blicke auf sich.

Traumfänger

Damit kann man beim Ausruhen die Seele so richtig baumeln lassen! Für diesen Traumfänger einige CDs mit Fingerfarbe gestalten und nach dem Trocknen mit bunten Federn oder Mosaiksteinen weiter ausgestalten. Nun durch das Loch der CD eine Schnur fädeln und sie an einem Aststück oder auf einem Kleiderbügel aufhängen. Mehrere unterschiedlich aufgehängte CDs ergeben ein glitzerndes Gesamtwerk, dessen Einzelteile sich bei jedem Luftzug drehen. In einem Ruhe- oder Kuschelbereich lädt dieses Mobile bestimmt zum Träumen ein.

Zauberstab

Die Kinder bemalen eine Pappröhre mit Fingerfarbe und streuen auf die nasse Farbe unter Begleitung eines Zauberspruchs buntes Konfetti als Zauberpulver. Die Pappröhre wird an einem Ende eingeschnitten, sodass eine bunt beklebte CD hineingesteckt werden kann. Schon ist der Zauberstab einsatzbereit und erfüllt vielleicht den nächsten Wunsch.

Glitzerbaum

So ein Baum blüht sogar im Gruppenraum. Als Baum dienen größere, gesammelte Äste, die in Modelliermasse gesteckt werden. Nun einige CDs bunt gestalten und mit einem Band aufhängen. Dies fördert die Auge-Hand-Koordination und die feinmotorische Geschicklichkeit.

Riesenraupe

Ob aus dieser Raupe einmal ein Schmetterling wird? Aus lufttrocknender Modelliermasse formen die Kinder eine lange Rolle, die den Körper der Raupe darstellt, und stecken bunt gestaltete CDs der Reihe nach hinein. Aus kleinen Pfeifenputzerstückchen, die seitlich in die Modelliermasse gesteckt werden, entstehen die vielen Raupenbeine. Die Raupe trocknet über Nacht und wer möchte, kann den Körper am nächsten Tag mit Fingerfarben bunt bemalen.

KREATIVERLEBNIS KORK

Egal, ob in Form von Platten oder Flaschenverschlüssen, Kork lässt sich vielfältig verarbeiten. Durch ein paar Handgriffe entstehen tolle Werke und die Kinder nehmen die interessante, gepresste Baumrinde aktiv wahr.

Korkhandschuhe

Mit diesen Riesenhänden ist der Umgang mit Farbe sogar noch lustiger! Zwei dünne, übereinandergelegte Korkplatten werden in Form eines Halbkreises, größer als eine Kinderhand, ausgeschnitten und an den Seiten sowie an der Rundung zusammengetackert. Die Kinder schlüpfen nun mit ihren Händen in die Handschuhe und gestalten einen Papierbogen durch eine Tupf- oder Wischtechnik bunt mit Fingerfarbe.

Tipp

Besonders wertvolle Koordinationserfahrungen sammeln die Kinder beim gleichzeitigen Malen mit beiden Händen.

Aufhängevorrichtung

Egal, ob als Haken für selbst aufgefädelte Perlenketten, als Garderobe für Malschürzen oder zum Aufhängen von Bändern, Schnüren und Kordeln, diese Aufhängevorrichtung ist eine praktische Sache. Die Kinder bemalen eine Holzleiste und Flaschenkorken bunt mit Fingerfarbe und die Erzieherin befestigt die Korken mit Heißkleber an der Leiste. Schon ist eine hübsche Garderobe hergestellt, die in Kinderhöhe aufgehängt werden kann.

Korkarmbänder

Schmucke Bänder, welche die Kinder selbst an- und ausziehen können, werden aus dünnen Korkstreifen (ca. 5 x 15 cm) gestaltet. Die Korkstreifen zunächst mit Fingerfarbe, Mosaiksteinen etc. bunt gestalten. Nach dem Trocknen die Armbänder dem Arm der Kinder anpassen und die Enden mit selbstklebendem Klettverschluss versehen.

Flattermänner

Kinder lieben Schmetterlinge. Zunächst bemalen sie einige Flaschenkorken mit Fingerfarbe. Nach dem Trocknen schneiden oder reißen sie aus buntem Transparentpapier Flügel und kleben diese am Korken an. Die Fühler entstehen aus aufgeklebten Bast- oder Pfeifenputzerstückchen. Steckt man den Korken mit der Unterseite auf einen Schaschlikstab, kann man den kleinen dekorativen Schmetterling als Stabfigur nutzen oder ihn in einen Blumentopf stecken.

Fühlstation Wald

Wer den Wald in den Gruppenraum holen möchte, braucht dazu eine Schuhschachtel, deren Innenseiten mit dünnen Korkplatten oder -stücken beklebt werden. Die Außenseiten bemalen die Kinder mit grüner Fingerfarbe. Nach dem Trocknen werden an den Außenseiten grüne Fotokartonstücke oder grüne Transparentpapierstücke aufgeklebt, die einen Baum darstellen. In der Schachtel finden nun gesammelte Naturmaterialien wie Tannenzapfen, Nüsse, Kastanien, Moosstücke, Blätter oder kleine Äste Platz. Nun können die Kinder die unterschiedlichen Materialien des Waldes befühlen und diese benennen.